Mein „Mit Gefühl!“-Journal

Sabrina Wilkenshof

Mein Mit Gefühl! Journal

Sieben Wochen ohne Härte

Das Tagebuch für die FASTENZEIT

edition chrismon

Die Deutsche Nationalbibliothek verzeichnet diese Publikation in der Deutschen Nationalbibliografie; detaillierte bibliografische Daten sind im Internet über http://dnb.d-nb.de abrufbar.

1. Auflage

Printed in Germany

Das Buch wurde auf alterungsbeständigem Papier gedruckt.

Bei Fragen zur Produktsicherheit wenden Sie sich bitte an info@eva-leipzig.de.

Bildnachweis:
Cover: Jodie Griggs/Getty Images; S. 9: Dan Petermann; S. 27: China Hopson; S. 41: Nils Böddingmeier; S. 57: Domenic Driessen; S. 73: Milena Schiling; S. 89: Kaja Grope; S. 105: Rosa Merk; S. 8,61: Svitlana – stock.adobe.com; S. 8, 10, 17, 26, 29, 33, 36, 38, 42, 44, 54, 58, 60, 71, 74, 90, 95, 103, 106: Anna – stock.adobe.com; S. 23: AnnLou – stock.adobe.com; S. 8, 15, 17, 20, 27, 33, 37, 39, 59, 61, 65, 69, 77, 81, 85, 95, 97, 113: Evgeniya Platonova – stock.adobe.com; S. 8, 62, 70, 78, 80: donnaya92 – stock.adobe.com
Cover: Ellina Hartlaub, GEP gGmbH, Frankfurt am Main
Satz: makena plangrafik, Leipzig
Druck und Bindung: CPI books GmbH

ISBN 978-3-96038-431-1
www.eva-leipzig.de

Inhalt

Vorwort

„Aber mehr als alles behüte Dein Herz,
denn aus ihm strömt das Leben.“

Sprüche 4,23

Und Dein Herz klopft. Schneller, ruhiger. Bleibt fast stehen vor Schreck. Manchmal denkst Du, es könnte zerbrechen. Wenn Deine Gefühle Dich zu überrennen drohen. Vielleicht hast Du Dir auch schon einmal gewünscht, weniger zu fühlen. Oder anders? Vielleicht hättest Du manchmal gern einen Schutzpanzer für Dein Herz.

Das Herz bleibt. Gefühle bleiben, manchmal länger, als wir das wollen, manchmal aber auch kürzer. Wir versuchen sie zu steuern, zu analysieren und manchmal zu vergessen. Unser Körper zeigt Emotionen, zittert, schwitzt, manchmal geht auch alles durcheinander.

In der Bibel gilt es als schwere Strafe Gottes, wenn einem das Herz verhärtet wird. Wie dem Pharao, als er das Volk der Israeliten versklavt. Gott versagt ihm jedes Mitgefühl, er legt ihn fest auf seine eigene Härte. Als ob er ihn vom Leben trennen würde.

Wenn das Herz hart wird, wird das Leben leiser. Es berührt uns weniger, vielleicht spüren wir auch uns selbst ein bisschen weniger.

In den nächsten sieben Wochen wagen wir uns an unser Herz: Kratzen an den verhärteten Stellen, ganz vorsichtig. Legen unsere Aufmerksamkeit auf das, was wir fühlen. Sieben Wochen ohne Härte, dafür mit Sehnsucht, Weite, Verletzlichkeit, Mitgefühl, mit Nachfragen, mit sanften Tönen, mit Furcht und großer Freude.

Sieben Wochen mit Gefühl, ganz passend zur Passionszeit, wie die Fastenzeit ja auch heißt: Mit Passion, dieser Leidenschaft, die Leben und Leiden gleichzeitig bedeuten kann.

Sieben Wochen für Dich, mit Schreibimpulsen, Gebeten, Körperübungen, Gedankenreisen. Einiges kannst Du direkt in dieses Buch schreiben, für manche Impulse legst Du Dir am besten ein kleines Notizbuch bereit.

Behüte Dein Herz – und fühle!

7 WOCHEN OHNE

Mit Sehnsucht

1

Gibt es etwas, das Du jeden Morgen tust?
Kaffee trinken? Das Fenster öffnen? Zähneputzen?

Vervollständige ab heute jeden Tag dabei den folgenden Satz:

„Ich fühle mich heute…“

Eine kleine Hilfe: Auf www.feelingwheel.app.de kannst Du Dir das Gefühlsrad ausdrucken und jeden Morgen verwenden. Am Anfang ist es nicht so leicht, Gedanken wie „Ich muss noch…“ oder „Das Waschbecken sollte ich auch mal wieder putzen“ nicht mit Gefühlen zu verwechseln. Da ist das Gefühlsrad eine gute Unterstützung.

Das ist der Text aus der Bibel für diese Woche:

„Mein Gott, gib mir ein hörendes Herz."

1. Könige 3,7.9 (BasisBibel)

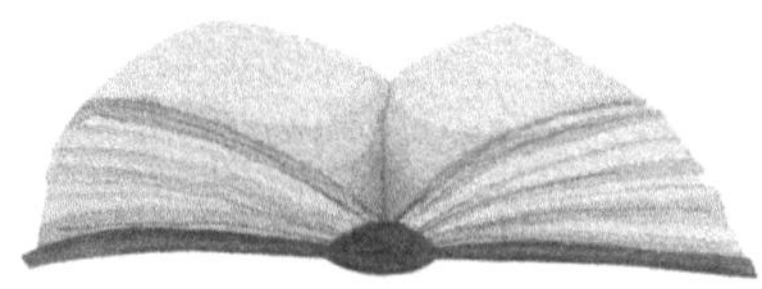

Wo hast Du in Deinem Leben schon ganz auf Dein Herz gehört?
Wo bist Du ohne zu zögern Deiner Sehnsucht nachgegangen?

Warum konntest Du das? Was hat Dir dabei geholfen?

Beim Kaffeetrinken, Zähneputzen, Schuhe anziehen …

„Ich fühle mich heute …“

Jeder Mensch hat eine größte Sehnsucht.
Welche ist das bei Dir?

Stell Dir vor, Du würdest dieser Sehnsucht etwas wirklich Gutes tun wollen. Die Sehnsucht mit offenen Armen empfangen? Wie könnte das aussehen?

(Möglichkeiten könnten sein: Für morgen etwas Konkretes planen, zum Beispiel eine Verabredung mit der Sehnsucht, oder jemandem von ihr erzählen.)

Vielleicht kennst Du auch die Sehnsucht eines anderen Menschen? Kannst Du Dich für sie einsetzen?

Beim Kaffeetrinken, Zähneputzen, Schuhe anziehen …

„Ich fühle mich heute …“

Heute gehst Du nach draußen, in den Wald, an einen Fluss, an einen See, zu einer Wiese. Schau in den Himmel, in das Grün. Berühre mit Deinen Fingern die Natur, die Rinde, den Boden, das Wasser. Lass eine Sehnsucht, die Dich quält, da frei, wo Du sie gut loslassen kannst.

Dieses Gebet kannst Du dabei sprechen:

„Gott, meine Sehnsucht brennt in mir.
Sie ermüdet mich, sie zieht an mir. Ich bitte Dich:
Nimm ein Stück Last von mir. Trag es für mich.
Bei Dir ist meine Sehnsucht aufgehoben,
bewahrt und geliebt.“

Was hat sich in Dir verändert, nachdem Du heute einen Teil Deiner Sehnsucht losgelassen hast?

Stell Dir vor, Du könntest diesen Platz wieder füllen, vielleicht mit einer Mini-Variante Deiner Sehnsucht. Was würdest Du gern dafür einsetzen?

Beim Kaffeetrinken, Zähneputzen, Schuhe anziehen …

„Ich fühle mich heute …“

Es gibt Sehnsüchte in unserem Leben, für die ist gesorgt. Wir haben sie versorgt oder wurden damit beschenkt. Womit bist Du in Deinem Leben versorgt?

Beim Blick auf den heutigen Tag:
Wo ist gut für Dich und Deine Sehnsucht gesorgt?

Wo hast Du selber heute gut für Dich
gesorgt oder wurdest umsorgt?

**Beim Kaffeetrinken, Zähneputzen,
Schuhe anziehen …**

„Ich fühle mich heute …“

Biblische Miniatur zu 1. Könige 3,7.9
von Ralf Meister

„Du hast drei Wünsche frei.“ Die gute Fee im Märchen stellt Großes in Aussicht. Aber was soll man sich wünschen? Geld und Macht? Oft sind die Wünsche kurzsichtig und unbedacht. Wäre es nicht besser, Frieden für die Welt zu wünschen? Ein gutes Leben für alle? Gesundheit und Glück? Keine Fee, sondern Gott selbst erscheint König Salomo im Traum. „Was immer du bittest, will ich dir geben.“ Kurz denkt er nach. „Ich bin noch jung, weiß weder aus noch ein.“ Doch dann gibt er zur Antwort, wofür man ihn weise nennen wird: „Gib mir ein hörendes Herz.“

Jedes ungeborene Kind entwickelt seine Sinne schon im Mutterleib. In der 22. Woche der Schwangerschaft kann es hören. Vermutlich wird der erste Ton der Herzschlag der Mutter sein. Neben vielen Außengeräuschen vernimmt ein Kind das ununterbrochene Pochen eines anderen Herzens. Der Ton des Lebens, dem sein eigenes Leben entspringt. Ein gehörtes Herz. Solche Nähe stellt sich im Leben später nicht mehr ein. Nur manchmal, in der großen Liebe, träumen wir noch davon, dass unsere Herzen im Gleichklang schlagen könnten. Wir können dem eigenen Herzschlag lauschen und empfindsam bleiben für das Schlagen anderer Herzen.

Die Fastenzeit gibt Gelegenheit dazu, und es tut gut, auf das Leben selbst zu hören. Auch wenn wir auf viele Fragen keine Antworten haben, das Hören selbst ist schon ein heilsamer Vorgang. Dabei denke ich nicht an die vielfältigen und lauten Großstadtgeräusche, sondern an die zahlreichen ungehörten Worte in meinem Leben. In Gesprächen hatte ich oft nicht die Geduld oder es fehlte mir die Aufmerksamkeit, um im Nichtgesagten die wichtigen Sätze zu hören. In wie vielen Augenblicken vernahm ich nicht die zärtlichen und leidenden Stimmen der Schöpfung. In der Vielzahl der Worte, der Überfülle der Töne, fühle ich mich bisweilen taub. Sieben Wochen zum Hören des Herzens liegen vor uns, des eigenen und des Herzens der anderen. Achtsam und konzentriert den Tönen des Lebens lauschen und in ihnen die Stimme Gottes entdecken.

Beim Kaffeetrinken, Zähneputzen, Schuhe anziehen …

„Ich fühle mich heute …"

Die Sehnsucht ist für Dich. Und sie will einen Platz in Deinem Leben:

Such Dir einen kleinen Karton oder einen Beutel. Fülle ihn mit Deiner Sehnsucht. Mit Symbolen, Zetteln, Bildern, geliebten Gegenständen. Wenn Du magst, kannst Du auch einen Platz in Deiner Wohnung dafür freiräumen.

Setz Dich heute Abend für 15 min zu Deiner Sehnsucht. Fass sie an, befühle sie. Wenn Tränen kommen oder ein Lächeln, heiße sie willkommen. Vielleicht hilft Dir Musik oder eine Kerze. Vielleicht muss es auch gar nichts Großes sein und Du sitzt mit Deinem Karton nur für ein paar Minuten auf dem Badezimmerfußboden.

Wie war das?

Welche Sehnsucht kannst Du Dir nicht erfüllen?
Könnte es Gott?

Wenn Du jetzt in die Kissen fällst, versuch mit der Last des Tages auch diese tiefe Sehnsucht an ihn abzugeben. Sie ist im Moment zu schwer für Dich. Vielleicht nicht für Gott.

Beim Kaffeetrinken, Zähneputzen, Schuhe anziehen …

„Ich fühle mich heute …“

Wo begrenzt Du Dich in Deiner Sehnsucht?
Wo erlaubst Du sie Dir nicht?

Was hindert Dich? Eine Angst?

Was müsste passieren, damit das anders wird?

Tu heute etwas für Deine Sehnsucht, was Du sonst nicht tun würdest! Ein Pferd streicheln? Einen Tanzfilm sehen? Ein Bild malen? Einen Reiseführer kaufen? Sich sehnen kann ein Tu-Wort werden … !

7 WOCHEN OHNE

Mit Weite / 2

Beim Kaffeetrinken, Zähneputzen, Schuhe anziehen ...

„Ich fühle mich heute ...“

Das ist der Text aus der Bibel für diese Woche:

„Ich freue mich und bin fröhlich über deine Güte, dass du mein Elend ansiehst und kennst die Not meiner Seele und übergibst mich nicht in die Hände des Feindes; du stellst meine Füße auf weiten Raum.“

Psalm 31,8–9 (Lutherbibel 2017)

Stell Dich mit ausgebreiteten Armen und Beinen vor das geöffnete Fenster. Dehne und strecke jedes Körperteil so weit Du kannst. Streck Dich, als würdest Du Äpfel pflücken und beuge Dich danach tief zur Erde. Leg Deine Arme dabei ineinander und schwinge langsam nach links und rechts. Richte Dich auf und lege Deine Hände wie zum Gebet vor Deiner Brust aneinander. Sag innerlich oder laut: „Heute fülle ich den ganzen Raum aus, heute nehme ich mir so viel Platz wie ich brauche.“

Schreibimpuls:

„Wenn ich heute ganz viel Platz hätte, würde ich …“

„Diesem Gefühl, diesem Anteil in mir will ich heute Raum geben:“

Was hat sich heute durch Deine Entscheidung geändert?

Beim Kaffeetrinken, Zähneputzen, Schuhe anziehen …

„Ich fühle mich heute …“

Räume eine Schublade, ein Fach, ein Regalbrett oder eine Oberfläche frei. Mach Platz für Weite, indem Du aufräumst, aussortierst, wegwirfst.

Wenn Du etwas rigoros aus Deinem Leben aussortieren könntest, was sollte es sein?

26. FEBRUAR 2026

Wofür hättest Du dann wieder Platz?

Gebet

Gott, ich brauche (das) nicht mehr. Ich kann ohne es leben, besser sogar. Vielleicht findest Du einen anderen Platz dafür? Nicht bei mir, in meinem Herzen, meinem Leben? Ich brauche mehr weiten Raum.

Danke!

Amen.

Beim Kaffeetrinken, Zähneputzen, Schuhe anziehen …

„Ich fühle mich heute …“

Was macht Dein Herz zur Zeit eng?
Schreib es auf einen Zettel. Leg ihn nah an Deine Füße:
So sehr wirst Du grad eingeengt, begrenzt. Jetzt leg ihn ein Stück weiter weg. Stell Dir vor, Dein Problem würde an Nähe, an Intensität verlieren. Jetzt geh noch mehr auf Abstand.

Was muss passieren, damit es weiter weg von Dir bleibt?

Such Dir in einer Zeitschrift ein Bild aus, das für Dich für weiten Raum steht und kleb es hier ein. Wenn es Dir leichter fällt, notiere Dir vorher ein paar Stichworte zu Deinen Assoziationen.

**Beim Kaffeetrinken, Zähneputzen,
Schuhe anziehen …**

„Ich fühle mich heute …“

Wo hast Du in Deinem Leben alle
Freiheiten und nutzt sie auch?

Wo willst Du heute frei wählen?

Gebet

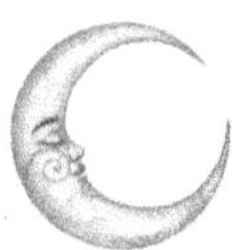

Gott, heute habe ich die Weite gewählt. Das war gut. Und trotzdem, und vielleicht manchmal auch deswegen, stoße ich an Grenzen. Lass mich frei darüber hinaus träumen heute Nacht, Gott!

Beim Kaffeetrinken, Zähneputzen, Schuhe anziehen ...

„Ich fühle mich heute ...“

Biblische Miniatur zu Psalm 31,8–9
von Ralf Meister

Von manchen Gipfeln blickt man weit ins Land. Bei guter Sicht schweift das Auge vom Brocken im Harz viele Kilometer über die vorgelagerten Hügel bis in die Ebene. Weiten Raum zu haben, ist eine gute Aussicht. Von Abraham und seinem Neffen Lot heißt es, „er hob seine Augen auf und sah die ganze Gegend“. Weiter Raum, vielversprechendes Land. Immer träumen wir in den überwältigenden Weiten, ob am Meer oder in den Bergen, von der Welt hinter dem Horizont. Einem Ort, um Pläne zu verwirklichen oder unsere ungestillten Hoffnungen zu nähren.

Doch solche Gipfelaussichten sind bei mir zumeist reserviert für die Urlaubswochen. Das Leben spielt sich in den Niederungen ab. Die Sicht reicht kaum weiter als bis zu den aktuellen Pflichten oder Zwischenfreuden. Das Besondere des Psalmwortes ist, dass es den Gipfel des Glücks mit dem „Elend" in den Tiefen des Alltags verbindet. Das Wort vom Elend ist umfangen von Räumen des Glücks und der Freiheit. „Ich freue mich und bin fröhlich über deine Güte ... Du stellst meine Füße auf weiten Raum."

Für den Psalmbeter ist der weite Raum kein schweifender Blick über die Bergwelt, sondern eine Perspektive auf das eigene Leben. Mein Leben ist begrenzt. Jeden Tag, jede Stunde. Im Raum der Welt, in der Zeit meines Lebens.

Die Zusage aus der Bibel zerreißt diese Zeit- und Raumbeschränkung mit den Worten, dass der Glaube eine „feste Zuversicht" sei, „auf das, was man hofft, und ein Nichtzweifeln an dem, was man nicht sieht"(Hebräer 11,1). Wie gelingt dieses Ausmaß des Zutrauens? Wie erreiche ich den weiten Raum? Dem Beter ist es überlebenswichtig, dass er sich nicht selbst, sondern dass Gott ihn in den weiten Raum stellt. Fröhlichkeit und weiter Raum. Unser Leben hält jeden Tag Augenblicke der Freude bereit, die wir häufig übersehen und gering achten. Und diesen Momenten der Schönheit des Lebens, dem Glücksmoment folgt das Zutrauen in eine Welt, die vor mir liegt. Die Aussicht mag durch Vieles verstellt sein, aber der Glaube erkennt neue Möglichkeiten. Er speist sich aus den gelungenen Erfahrungen mit Gott. Was ist mir schon alles geschenkt worden! Das Lachen der Kinder, der Aufgang der Sonne, die zahllosen kleinen Gesten der Liebe anderer Menschen. Nicht erst mit dem Erreichen des Gipfels, sondern schon auf dem Weg dorthin zeigen sich neue Perspektiven. Das Herz ist weit, die Seele befreit sich aus der Not.

Beim Kaffeetrinken, Zähneputzen,
Schuhe anziehen …

„Ich fühle mich heute …“

Heute gibst Du anderen Weite, Freiraum.
Mehr von dem, was sie mögen.

∗ eine zweite Kugel Eis für dein Kind ∗

∗ 1 Stunde Pause für Deine:n Partner:in ∗

∗ 1 Euro mehr Trinkgeld oder Du bezahlst den ∗
Kaffee für die Person am Tisch neben Dir

∗ Du machst den Treppendienst ∗
für Deine:n Nachbarn mit

Schreib Deine Erfahrungen von heute auf.
Hast Du Freude und Freiraum bei anderen erlebt?
Oder eher Skepsis und Misstrauen?

Manchmal gönnen wir anderen keinen Freiraum,
weil wir uns selbst so begrenzt fühlen. Trifft das auf Dich zu?

Beim Kaffeetrinken, Zähneputzen, Schuhe anziehen …

„Ich fühle mich heute …“

Erinnere Dich an einen Moment, wo Dir Dein Leben zu eng war. Erinnere Dich an die Schwere auf Deiner Brust, an das Gefühl, mit dem Rücken zur Wand zu stehen.

Körperübung

Leg Deine Arme fest um Deinen Körper. Spür den Druck in Deiner Brust. Erinnere Dich … es war damals eng. Unfair. Jemand hat Dich kleingehalten.

Jetzt lockere Deinen Griff. Lass los, entspann Deine Muskeln. Breite Deine Arme aus. Atme hörbar aus. Wenn Du es zulassen kannst mit *Aaaah. Ooooh …*

Das Damals ist vorbei. Jetzt bist Du hier. Im Hier und Jetzt bist Du sicher. Du atmest ein und aus. Dein Brustkorb ist weit.

Gebet

Gott, ich bitte Dich heute um Wind unter meinen Flügeln.
Setz meine Füße in Deinen weiten Raum.
Lass mich leben mit Allem, was ich bin. Amen.

Konntest Du die Weite von der Körperübung
heute mit in Deinen Tag nehmen?
Wo hättest Du sie gebraucht?

7 WOCHEN OHNE

Mit Verletz-lichkeit / 3

Beim Kaffeetrinken, Zähneputzen, Schuhe anziehen ...

„Ich fühle mich heute ...“

Das ist der Text aus der Bibel für diese Woche:

„Und Jesus sprach zu seinen Jüngern: Meine Seele ist betrübt bis an den Tod; bleibt hier und wachet! (...) Und er kam und fand sie schlafend und sprach zu Petrus: Simon, schläfst Du? Vermochtest Du nicht eine Stunde zu wachen?“

Markus 14,34.37 (Lutherbibel 2017)

„Bleib hier!“ – „Ich brauch Dich!“ – „Ich will nicht alleine sein!“
Sagst Du solche Sätze oder fallen sie Dir schwer?

Schreib einen der Sätze groß auf diese Seite und male ihn aus.
Gestalte ihn mit Assoziationen, Menschen, Gefühlen …

**Beim Kaffeetrinken, Zähneputzen,
Schuhe anziehen …**

„Ich fühle mich heute …“

Halte heute Ausschau nach einem Gegenstand in Deiner Wohnung, der Dir Sicherheit gibt, und platziere ihn gut sichtbar auf Deinem Schreibtisch, neben dem Spiegel, auf dem Nachtkästchen …

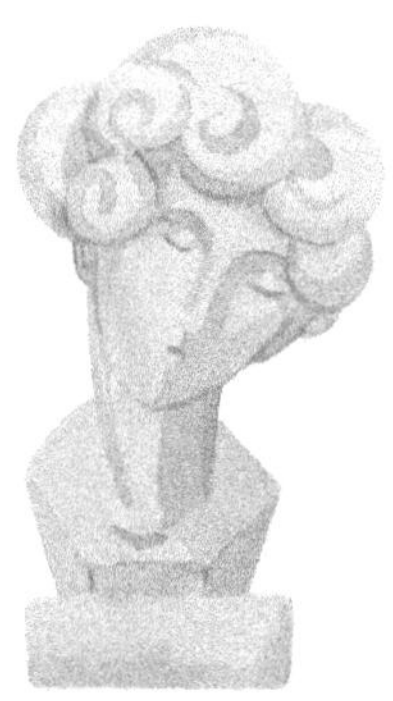

Verletzlichkeit braucht einen sicheren Raum.
Wie müsste ein solcher Raum ganz konkret aussehen,
in dem Du Dich sicher fühlen kannst? Richte ihn in Gedanken
ein oder male ihn auf: Ein großes Bett mit vielen Kissen? Oder
eher zwei Stühle an einem Tisch mit einer Kerze darauf? Was
gibt Dir Sicherheit? Schreibe oder male es auf oder such in
einer Zeitschrift ein Bild dafür aus.

Beim Kaffeetrinken, Zähneputzen, Schuhe anziehen …

„Ich fühle mich heute …“

Was fällt Dir vielleicht schwerer als anderen? Denk an praktische Alltagssituationen: im Restaurant etwas reklamieren, jemanden nach dem Weg fragen … Was ist es bei Dir?

Versuch diese Woche, einen dieser „schwachen Momente“ ernst zu nehmen. Nimm Deine Verletzlichkeit ernst und teile sie mit jemandem: „Kannst Du das für mich übernehmen? Ich kann das nicht so gut.“ Beginne mit einer vertrauten Person, im Arbeitskontext kostet das meist sehr viel Überwindung.

Was befürchtest Du, wenn Du um Hilfe bittest?

Beim Kaffeetrinken, Zähneputzen, Schuhe anziehen ...

„Ich fühle mich heute ...“

Freund:innen, Kolleg:innen, Familienmitglieder – wem kannst Du zutiefst vertrauen? Bei wem fühlst Du Dich sicher, kannst von Dir erzählen?

Schreib eine Nachricht an die Person hier in das Journal und wenn Du magst, danach auf eine Postkarte oder in eine Mail.

Wie bist Du für Deine Liebsten da?
Worauf kann man sich bei Dir wirklich verlassen?

Beim Kaffeetrinken, Zähneputzen, Schuhe anziehen …

„Ich fühle mich heute …“

Biblische Miniatur zu Markus 14,34.37

von Ralf Meister

Die Nachricht kam nicht unerwartet, doch als die SMS eintraf, war ich geschockt. Ich weinte. Er war gestorben. Viel zu früh. Das Leben bringt immer wieder Stunden, die sich dunkel über die Seele legen. Gelegentlich muss ich mich mühen, um aus dieser Finsternis wieder herauszukommen. Schwermut und Traurigkeit können hartnäckig sein. Zäh kleben sie auf meinen Gedanken. Wohin entfliehen die unbeschwerten Tage. Wer bleibt an meiner Seite?

Die Worte Jesu in der Nacht an die aufgeschreckten Jünger, als er sie beim Schlafen stört, haben mich vor vielen Jahrzehnten einmal tief berührt. Und jene alten Tage wirken bis heute nach. Gleich nach dem Abitur fuhr ich zum ersten Mal ins Kloster nach Taizé. Ein suchender Jugendlicher. Glaubensschwankend und verträumt, mit Fantasien für die ganze Welt und das eigene, ach so kleine Leben. Unvergessen die Abendgebete in der Kirche mit hundert anderen Jugendlichen aus Europa und den Brüdern der Kommunität. „Bleibet hier und wachet mit mir, wachet und betet." Noch heute kommen mir Tränen, wenn ich dieses Gebet singe.

So sind wir suchende, verletzliche Wesen und wollen durch die Nächte kommen, in denen das Unheil des Tages und die Angst vor dem Morgen getragen und verwandelt werden. Sieben Wochen ohne Härte lassen mich auf diese Worte Jesu schauen. Wie können wir zusammen ansehen, was uns selbst nicht ruhen lässt. In welchem Mitgefühl tragen wir am Leid dieser Welt. Erschüttert Tag um Tag von Tod und Unheil, die über diesen Erdball kommen.

„Meine Kraft ist in deiner Schwachheit mächtig", hört Paulus von Gott. Und: „Lass dir an meiner Gnade genügen" (2. Korinther 12,9). Gottes Sprechen zeigt Gefühl. Es verändert von innen. „Selig bist du, Petrus." Noch immer ein Felsen, auf den man bauen kann. Nicht aufgrund von Unerschütterlichkeit. Sondern weil er erschütterbar ist. Und er weiß darum.

Wer einen Turm bauen will, der lange steht, wird planen, wohin die Kräfte abfließen können. Das Leben wird von innen und außen fortwährend erschüttert. Was die Kräfte auffängt, ist Mitfühlen und Verstehen, Helfen und Heilen. Petrus durchlebt starke Erschütterungen und weiß, was es bedeutet, wenn sie jemand aufnimmt. Jesus baut auf ihn, und er nennt uns selig. Wir werden erschüttert; müde, überfordert, unvermögend. Doch Gott lässt uns nicht zerbrechen. Einfühlend nimmt er uns auf, schwingt mit in unserem Leben.

Beim Kaffeetrinken, Zähneputzen, Schuhe anziehen …

„Ich fühle mich heute …“

Hör dein Lieblingslied (oder eines deiner liebsten Lieder) bewusst von Anfang bis zum Ende. Was berührt Dich daran? Schreib es in ein paar Stichworten auf.

Es kann etwas sehr Intimes sein, anderen Menschen das eigene Lieblingslied vorzuspielen. Wie wäre es mit einem besonderen Austausch unter Freund:innen: Ihr trefft Euch bei jemandem zuhause und es gibt eine gemischte Playlist: Alle Eure Lieblingslieder, vielleicht auch noch ein Lieblingsessen dazu? Einzige Regel: Niemand macht sich lustig, alle hören für ein paar Minuten der Lieblingsmelodie der anderen zu …

An welche Situation denkst Du bei Deinem Lieblingslied?
Womit verbindet es Dich?

Beim Kaffeetrinken, Zähneputzen, Schuhe anziehen ...

„Ich fühle mich heute ...“

Etwas, das kaputt gehen kann, verletzlich ist, zerbrechlich ist, beeindruckt uns oft mit besonderer Zartheit, mit Einzigartigkeit: Blütenblätter, Schmetterlingsflügel, Schneeflocken, oder auch die dünnen Papierseiten einer Bibel.

Such in Deinem Zuhause etwas Zartes oder schau Dich draußen um. Schreib diesem Gegenstand, diesem Wesen, einen kleinen Brief: Was beeindruckt Dich, was bewunderst Du an seiner/ihrer Zartheit? Vielleicht antwortet es Dir auch und erzählt Dir von sich?

7 WOCHEN OHNE

Mitgefühl

4

Beim Kaffeetrinken, Zähneputzen, Schuhe anziehen ...

„Ich fühle mich heute ...“

Das ist der Text aus der Bibel für diese Woche:

„Freut euch mit den Fröhlichen, weint mit den Weinenden.“

Römer 12,15 (Lutherbibel 2017)

Sich anstecken lassen und berühren lassen, von Lachen und Freude sowie von Wut, Schmerz und Angst. Beides ist Mitgefühl!

Notiere heute mal einen Tag lang mit (in die Notizen App, einer Nachricht an Dich selbst, im Notizbuch oder in Gedanken), wie oft Du mit den Gefühlen der Menschen um Dich herum „mitgehst“. Wann Du berührt wirst und wie sich das anfühlt.

Was fällt Dir nach diesem Tag auf?
Wieviel hast Du „mitgefühlt“?

Welche Gefühle hättest Du lieber nicht gespürt?

Mich fühlen

Donnerstag

Beim Kaffeetrinken, Zähneputzen, Schuhe anziehen …

„Ich fühle mich heute …“

Gestern hast Du die Gefühle der anderen bewusst wahrgenommen. Heute beginnst Du den Tag mit Deinen eigenen Gefühlen und fragst Dich mittags und abends nochmal:

Welches Gefühl ist gerade ganz spürbar? Hier eine klitzekleine Auswahl. Du könntest Dich … aufgeregt, angespannt, traurig, energiegeladen, genervt, froh … fühlen.

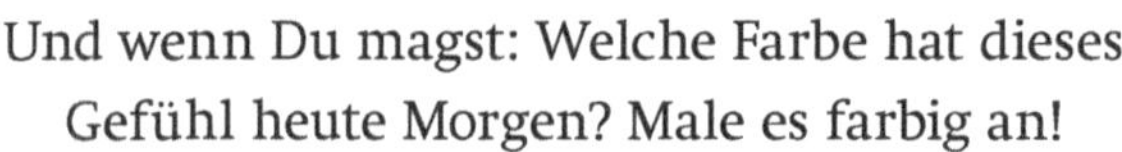

Und wenn Du magst: Welche Farbe hat dieses Gefühl heute Morgen? Male es farbig an!

Zur Mitte des Tages frag Dich: Ist das Gefühl noch da?
Hat es sich verändert? In Intensität oder Richtung?
Ist Deine Farbe heller oder dunkler geworden?

Wie sieht Dein Gefühl jetzt aus?

Durch Dich sind heute so viele Gefühle geflossen. Manche haben sich in Dir festgesetzt, sich vielleicht sogar in Dich eingeschrieben. Schließ Deine Augen und mach Dir bewusst: In Deine Träume, in Deine Nacht musst Du nicht alle Gefühle mitnehmen. Lass hier, was Dich belastet. Gott fühlt mit.

Beim Kaffeetrinken, Zähneputzen, Schuhe anziehen ...

„Ich fühle mich heute ...“

Such Dir heute eine Lücke, in der Du 20 Minuten draußen sein kannst, am besten allein und ohne Ablenkung von Dir selbst. Such Dir einen Baum oder eine Wiese. Setz Dich auf den Boden oder lehn Dich an einen Baum. Berühre mit den Fingern die Rinde, das Gras oder die Erde. Wie fühlt sich das an? Rau, hart, weich, piekst es? Hast Du den Impuls, etwas mit Deinen Händen zu machen? Die Erde zu zerreiben, die Rinde zu bearbeiten? Geh dem nach. Auch das ist Fühlen. Berühren und sich berühren lassen.

Die Erde unter meiner Haut/das Gras hat mich daran erinnert, als …

Das möchte ich in meinem Leben mehr fühlen:

**Beim Kaffeetrinken, Zähneputzen,
Schuhe anziehen …**

„Ich fühle mich heute …“

Welche Gefühle waren in Deinen letzten Tagen am intensivsten, am lautesten, Dir am nächsten?

Wie und wo hast Du sie in Deinem Körper gefühlt? Hast Du geweint, gezittert? Bist Du laut geworden?

Welches Ventil hattest Du für sie? Bewusst oder unbewusst?

Gab es heute ein besonders schönes Gefühl, für das Du jetzt dankbar bist? Dass Du als Geschenk von Gott annimmst? Fühle ihm nach, lass es Deinen ganzen Körper ausfüllen und nimm es mit in Deine Träume.

Beim Kaffeetrinken, Zähneputzen, Schuhe anziehen …

„Ich fühle mich heute …“

Biblische Miniatur zu Römer 12,15

von Ralf Meister

Tränen fordern Mitleid. Das laut weinende Kind oder die stummen Tränen des Schmerzes rühren an und lassen mitfühlen.

Deshalb riet der Kirchenlehrer Thomas von Aquin im 13. Jahrhundert, wenn jemand einen schmerzlichen Verlust erleidet, wenn er von tiefer Traurigkeit ergriffen wird, so möge er seine Freunde besuchen gehen. Er möge ihnen sein Leid klagen, sich ausweinen und seufzen und dann – ihr Mitleid genießen. Diese Kultur des Mitleids hat ihren Ausgangspunkt in der Bibel. „Was ihr einem von meinen geringsten Brüdern getan habt, dass habt ihr mir getan“, sagt Jesus. Das Leid, welches einem anderen Menschen zustößt, kann mir nicht gleichgültig sein, weil wir vor Gott alle

Geschwister sind. Jede mitfühlende Geste ist damit auch ein Verweis auf Gott selbst. Wir stehen uns stellvertretend bei und bezeugen einander darin Gottes Gegenwart in dieser Welt.

Aber so tröstend, wie das Mitleid für den Leidenden ist, so zahlreich fließen auch Tränen, die kein Mitleid fordern. Wie viel nutzloses Weinen ist in der Welt! Millionen von Menschen weinen im Kino, vielleicht sogar Milliarden Menschen weinten bei Fernsehübertragungen von königlichen Trauerfeiern. Wir sind eine Gesellschaft, die weint über inszenierte Verlusterfahrungen, über Abschiedsdramen und verlorenes Glück, – und die massenhaft weint, kollektiv Tränen vergießt. Das scheint widersprüchlich zu sein.

Denn was fällt uns nicht alles ein, über das keine einzige Träne vergossen wird, obwohl es doch zum Heulen ist. Die Ungerechtigkeit der Verteilung in der Welt. Wer weint darüber, dass ein Wirtschaftssystem und die Gleichgültigkeit der Menschen tagaus, tagein Abertausende verhungern lassen. Wer weint über all die ermordeten Menschen in den Diktaturen dieser Welt? Wer weint darüber und hat Mitleid?

Augustinus hat in seinen Bekenntnissen dieses nutzlose Weinen und das Nicht-Weinen beschrieben: „Manche Dinge in diesem Leben sind umso weniger Grund zum Weinen, je mehr um sie geweint wird, und sie sind umso mehr Grund zum Weinen, je weniger man darüber weint.“ Tränen sind ein persönlicher Ausdruck des Mitgefühls und der Trauer. Doch „Mitgefühl ist eine instabile Gefühlsregung“, sagt die Autorin Susan Sontag. „Es muss in Handeln umgesetzt werden, sonst verdorrt es.“

Beim Kaffeetrinken, Zähneputzen, Schuhe anziehen …

„Ich fühle mich heute …“

Begegne den Menschen in Deinem Alltag heute mit aktivem Mitgefühl: Fühle kurz mit dem Kassierer mit, der eine lange Schlange von Menschen vor sich hat. Fühle mit der Praxis-Assistenz, die das 32. Rezept heute ausstellen muss, fühle mit Deinem/r Partner:in, dem/der der Rücken weh tut. Und fühl auch mit Deinen Kindern mit, die sich über das neue Level im Handyspiel freuen!

Nimm Dir 10 Sekunden bewusstes Mitfühlen. Nur das. Du musst nichts Besonderes tun oder sagen. Dieser achtsame Umgang mit den anderen verändert in Dir etwas.

Ist es Dir schwergefallen, die Gefühle der anderen in Dir zu verstärken ohne sie verändern zu wollen?

Wolltest Du ihnen vielleicht etwas abnehmen, erleichtern?

Beim Kaffeetrinken, Zähneputzen, Schuhe anziehen ...

„Ich fühle mich heute ...“

Heute ist ein guter Tag, um Dein Mitgefühl spürbar und konkret werden zu lassen. Was könnte das für Dich bedeuten? Eine Spende an eine Organisation, die sich um etwas kümmert, das Dich persönlich berührt oder ein bewusster Einkauf, der Natur und Tierwelt schont: Mit dem Fahrrad und nur vegane Produkte? Ein Besuch bei jemandem, den Du schon lange nicht mehr gesehen hast?

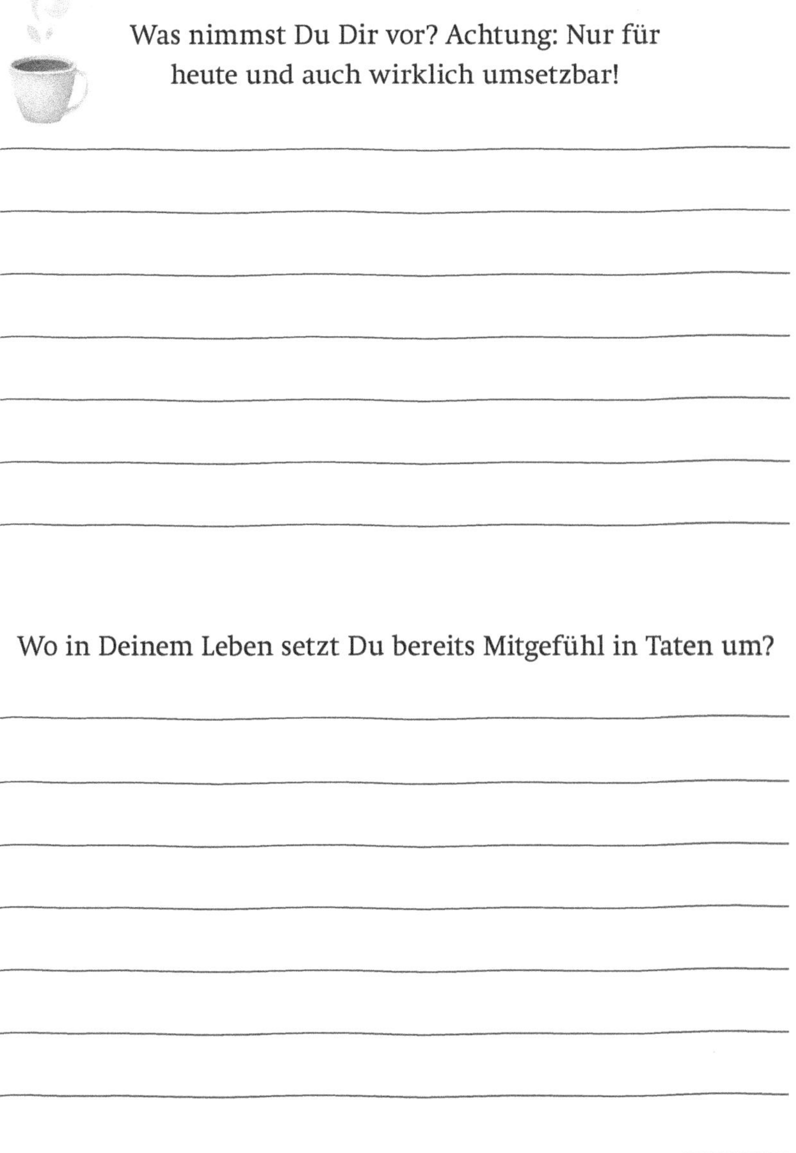

Was nimmst Du Dir vor? Achtung: Nur für heute und auch wirklich umsetzbar!

Wo in Deinem Leben setzt Du bereits Mitgefühl in Taten um?

7 WOCHEN OHNE

Mit Nachfragen / 5

Beim Kaffeetrinken, Zähneputzen, Schuhe anziehen …

„Ich fühle mich heute …“

Das ist der Text aus der Bibel für diese Woche:

„‚Wer ist denn mein Nächster?‘,
fragte ein Gesetzeslehrer Jesus.“

Lukas 10,29 (Lutherbibel 2017)

Die Frage, die Jesus hier gestellt bekommt, hat zur Antwort die Geschichte vom Barmherzigen Samariter. Interessant dabei: Der Barmherzige Samariter selbst fragt überhaupt nichts! Er tut einfach, was nötig ist. Er hilft. Fragt nicht nach Zuständigkeiten, Grenzen oder anderen Möglichkeiten. Das Leid, das er vor sich sieht, ist ihm Antwort genug.

Wann hast Du zuletzt nicht lang gefragt,
sondern einfach gehandelt?

Welches Leid lässt Dich ratlos zurück?

Beim Kaffeetrinken, Zähneputzen, Schuhe anziehen …

„Ich fühle mich heute …“

Wer in der Bibel etwas fragt, bekommt als Antwort meistens nicht nur einen Satz, sondern eine ganze Geschichte zu hören. Na, vielen Dank! Aber dafür wird auch nie eine Frage verurteilt, abgetan oder bleibt unbeantwortet. In der Bibel scheint genug Platz zu sein, um sich auch längere Geschichten als Antwort anzuhören. Und bei Dir? Vielleicht hast Du manchmal Angst, zu viel Raum mit Deinen Antworten einzunehmen oder denkst, Deine Antworten interessieren gar niemanden. Heute ist Dein Geschichten-Tag mit zwei möglichen Varianten:

Variante 1

Du antwortest heute ein bisschen ausführlicher, wenn Du sonst immer hinterm Berg hältst mit Deinen Geschichten.

Variante 2

Wenn Du dazu neigst, Dich zu rechtfertigen, oder anzupassen mit Deinen Antworten, dann übst Du heute mal, die Fragen, so wie sie sind, zu wertschätzen, aber eben nicht zu beantworten. Zum Beispiel durch: Abwarten, Schweigen, Zurückfragen …

Wie ist es Dir heute ergangen?
Welche Befürchtungen haben sich erfüllt?

Was hat Dich überrascht?

Beim Kaffeetrinken, Zähneputzen, Schuhe anziehen …

„Ich fühle mich heute …“

Manchmal würden wir gern nachfragen, einfach um etwas besser zu verstehen, aber die Scham ist zu groß. Vielleicht wirken wir dann ungebildet? Wer nachfragt, zeigt sich verletzlich.

Frag heute einmal mehr nach, wenn Du etwas nicht weißt, oder Dich mit etwas nicht auskennst. Bitte bewusst um Hilfe oder um eine Erklärung.

In welchen Bereichen kennst Du Dich richtig gut aus?

Schreib fünf Themen auf, die Dich interessieren
und zu denen Du gern mehr wüsstest:

Beim Kaffeetrinken, Zähneputzen, Schuhe anziehen …

„Ich fühle mich heute …"

Heute tun wir so, als wüssten wir nichts. Als hätten wir keine Ahnung davon, warum die Welt, wir selber, die Menschen so sind, wie sie sind: Hab ich da jetzt echt Lust drauf? Muss das sein? Warum hast Du das jetzt gesagt? Manchmal tut Nachfragen auch bei sich selber weh. Und manchmal müssen wir uns als Antwort eine Geschichte erzählen …

Welche Fragen hast Du Dir heute gestellt?

Bist Du mit Deinen Antworten zufrieden?

**Beim Kaffeetrinken, Zähneputzen,
Schuhe anziehen …**

„Ich fühle mich heute …“

Biblische Miniatur zu Lukas 10,29

von Ralf Meister

„Wie geht's?“ – ein Satz, den man oft nach einem „Hallo“ hört. Meistens ist er nur Floskel. Doch wenn er ernst gemeint ist, wird er zur Einladung: „Du kannst mir erzählen, was dich beschäftigt. Nur so viel, wie du magst. Ich höre dir zu, ich habe Zeit für dich.“ Ehrliche Fragen öffnen Türen.

Andere Fragen hingegen schützen uns, halten Distanz. Sie bohren, treiben in die Enge. Fangfragen wollen einen Verdächtigen überführen. Der Schriftgelehrte sucht mit seiner Frage vermutlich nur seinen Ausweg aus der Verantwortung.

Mein Großvater tat das nie. Dorfschulmeister im Ruhestand, übervoll mit Lebenserfahrung. Wenn er mich etwas fragte, lag darin immer Wohlwollen. Seine Stimme war tief und warm, seine Fragen trugen keine Falle in sich. Für einen kleinen Jungen gab es viele Fragen, vor denen man sich fürchten musste: „Warum hast du nicht…? Wieso bist du, obwohl ich dir gesagt hatte …? Kann es sein, dass du wieder einmal…?" Seine Fragen dagegen waren voll freundschaftlicher Neugier. Ich liebte ihn. Als ich als Dreijähriger gefragt wurde, wie ich heiße, habe ich gelegentlich nicht meinen Namen gesagt, sondern „Opajung". So nannten mich meine Eltern manchmal.

Jesus ist ein Meister solcher Fragen. Den Vater eines kranken Jungen fragt er: „Wie lange ist es, dass ihm das widerfährt?" (Markus 9,21). Den Blinden am Weg: „Was willst du, dass ich für dich tun soll?" (Lukas 18,41). Es ist nicht nötig, sofort alles beantworten zu können. Es genügt, dass wir einen Raum öffnen, um zu antworten. Fragen, die sprachlos machen, sind Vernichtungsinstrumente. Man sagt dann vielleicht „Gute Frage", weil man keine Antwort weiß. Doch eine Frage ist nur dann gut, wenn sie etwas ermöglicht; nicht, wenn sie blockiert.

Nachfragen im Sinne Jesu hingegen schaffen Nähe, fördern Beziehung, zeigen echtes Interesse. Sie helfen, sie heilen. Wäre es nicht eine Kunst, einander so fragend zu begegnen? Die Wochen der Fastenzeit könnten ein Übungsraum dafür sein – Fragen stellen ohne Härte, ohne Hintergedanken, ohne den Drang, jemanden zu überführen.

Mein Großvater konnte das. Er setzte sich neben mich, stupste sanft mit der Schulter, und stellte eine einfache Frage. Ich durfte selbst entscheiden, wie viel ich erzählte. An einem Tag nur wenig, am nächsten vielleicht mehr. Seine Fragen waren wie offene Türen: Sie luden ein, und wenn ich bereit war, konnte ich hindurchgehen in einen Raum voller Vertrauen und Mitgefühl.

Beim Kaffeetrinken, Zähneputzen, Schuhe anziehen …

„Ich fühle mich heute …“

„Aber warum denn?“ So eine Frage kann ganz schön kritisch klingen. Mehr nach Kritik als nach echtem Interesse. Möglichkeiten, das Nachfragen leichter zugänglich zu machen, könnten sein:

„Ich hab mich gefragt, warum Du xy so machst. Kannst Du mir das vielleicht erklären?

Für Dich ist das wahrscheinlich ganz einfach, aber mir leuchtet das nicht so richtig ein. Sagst Du mir, warum xy…?

Mich interessiert, warum Du xy so machst. Könnten wir da mal drüber sprechen?“

Probier heut mal aus, einmal mehr nachzufragen. Such Dir für den Anfang eine einfache Variante aus, vielleicht mit einem/r guten Freund:in, oder Deinem/r Partner:in.

23. MÄRZ 2026

Was hast Du Neues erfahren?

Wie war es?

Beim Kaffeetrinken, Zähneputzen, Schuhe anziehen …

„Ich fühle mich heute …“

Nicht jede Frage braucht eine Antwort. Und trotzdem darf sie gestellt werden, gerade in der Rückschau auf unser Leben. Wenn Du ein Fotoalbum hättest mit all den schmerzhaften Momenten Deines Lebens – was würdest Du heute gern fragen?

Was hast Du Dich damals vielleicht auch gefragt, aber würdest es heute anders beantworten? Such Dir dazu zwei, drei Situationen aus und schreib auf, wie es Dir damals ging.

Stell Deine Fragen in der Stille und hör Gott und Deinem Herzen zu.

7 WOCHEN OHNE

Mit sanften Tönen

6

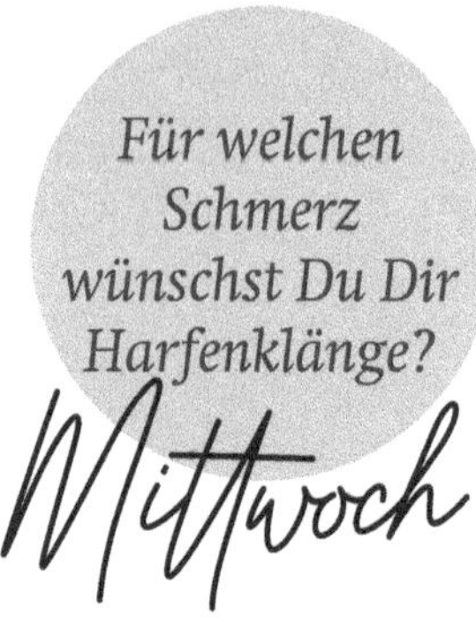

**Beim Kaffeetrinken, Zähneputzen,
Schuhe anziehen ...**

„Ich fühle mich heute ...“

Das ist der Text aus der Bibel für diese Woche:

„Der Geist des Herrn aber wich von Saul, und ein böser Geist vom Herrn verstörte ihn. (...) Wenn nun der Geist Gottes über Saul kam, nahm David die Harfe und spielte darauf mit seiner Hand. So erquickte sich Saul, und es ward besser mit ihm, und der böse Geist wich von ihm.“

1. Samuel 16,14.23 (Lutherbibel 2017)

Stell Dir vor, ganz unrealistisch, ganz fantasievoll, Du könntest da jetzt neben Saul sitzen. Und David hätte noch Zeit und die Harfe wäre da. Welchen Schmerz könntest Du jetzt fühlen, jetzt, wo der böse Geist sich vertreiben lassen könnte?

**Beim Kaffeetrinken, Zähneputzen,
Schuhe anziehen …**

„Ich fühle mich heute …“

Such Dir spontan drei Wörter aus der folgenden Liste aus, markiere sie und schreib einen kleinen Text, in dem diese drei Worte oder Ausdrücke vorkommen. Fang an mit „Immer wenn ich …

Milchreis, Alpaka-Fell, Nachgeben, Weinen, Lächeln, Einschlafen, Loslassen, Aufgeschlagene, Sahne, Kissen, viele davon, Wattebäusche, Wolle, Softeis, Blütenblätter, Babyhaut, Moos, Buttercremetorte, Verzeihen, Angst zeigen, barfuß laufen, die Wahrheit sagen, Vertrauen, den Kurs ändern, Schokoladenpudding, weiche Knie.

26. MÄRZ 2026

Schreib gern in Deinem Notizbuch weiter!

Beim Kaffeetrinken, Zähneputzen, Schuhe anziehen ...

„Ich fühle mich heute ..."

In der letzten Woche vor Ostern liegt der Palmsonntag. Ein weicher und zugleich harter Tag: Jesus geht seinen letzten Weg hinein nach Jerusalem. Aber die Schritte des Esels klingen gedämpft: Menschen legen Palmzweige und Kleidung auf die Straße.

Wie kannst Du Dir Deine harten Wege leichter, weicher, sanfter machen?

Was trägst Du in Dir und an Dir, was Dich tragen kann?

---

27. MÄRZ 2026

Leg Dir heute einen weichen Weg.
Sag einmal mehr *Ja* als *Nein* zu Dir.

Wie hast Du Dir Deinen Weg heute weicher gemacht?

Beim Kaffeetrinken, Zähneputzen, Schuhe anziehen …

„Ich fühle mich heute …“

Wo willst Du das Weiche, Empfindsame in Dein Leben lassen?

Wann fällt Dir das schwer?

Vielleicht hast Du heute eine Sehnsucht
nach mehr Weichsein verspürt. Wenn Du Gott um
etwas bitten könntest, wie könnte er Dir helfen?

Beim Kaffeetrinken, Zähneputzen, Schuhe anziehen …

„Ich fühle mich heute …“

Biblische Miniatur zu 1. Samuel 16,14.23
von Ralf Meister

Was wäre unser Glaube ohne Lieder? Ohne Musik?

Schwer vorstellbar sind Gottesdienste ohne den schwungvollen Auftakt, ohne die leisen und nachdenklichen Klänge zwischendurch. Wenn es am Ausgang nach dem Gottesdienst heißt: „Die Band war Klasse!“, „Die Orgel, großartig“, „Posaunenchor, super“, „Der Chor, absolut berührend“, weiß man, wie Musik unsere Seele berührt und unsere Stimmung beschwingt. Wie könnten wir Gott besser loben als mit Musik? Musik ist Trost und Kraftquelle. Sie trägt uns durch Krisenzeiten, wenn uns selbst die Worte fehlen. Manchmal liegt in der Musik der Widerstand gegen die eigene Hoffnungslosigkeit. Wie gerne würde man sich manchmal sacken lassen in die Haltung: „Es hat doch wirklich keinen Sinn.“ „Ich lass es gleich bleiben.“ Doch Musik ist Arznei gegen eigene Hoffnungslosigkeit. Jeder kennt diese Phasen, in denen einfach der Lieblingssong immer wieder tagaus, tagein gehört wird. In vielen Liedern von Paul Gerhardt heißt es: Sing – Geh – Steh auf – Dankt. Es sind Imperative, die uns in eine Haltung der offenen Aufmerksamkeit bringen. Diese Worte fordern eine Bewegung, nach innen wie nach außen. Haltungen gegen die Trostlosigkeit.

Musik schenkt Bilder für unsere Gefühle, eröffnet neue Räume, wo das Schweigen erdrückt. Schon die alten Geschichten Israels erzählen davon: Musik richtet auf und heilt. David griff zur Harfe – und Saul fand Ruhe. Melodien, Harmonien, Rhythmen, Klänge sind Antidepressiva. Sie rühren etwas an, was durch Sprache allein nicht erreicht wird. Johann Sebastian Bach sprach von der „Rekreation des Gemüts“ – der heilsamen Kraft, die Musik unserer Seele schenkt.

Bis heute schlägt der Herzschlag des Glaubens im Klang der Musik. Sie lässt Gottesdienste leuchten und schafft Gemeinschaft. Generationen finden zusammen, um zu singen, zu spielen, zu hören – aus Freude am Klang und am Lob. Musik ist Dienst an der Welt und den Menschen, angesichts einer Wirklichkeit, in der es viel zu fürchten und wenig zu loben gibt. Genau dort: Lobt Gott. Singt von ihm. Spielt eure Weisen, die von seinen Taten erzählen. Lobt Gott bis in die finstersten Winkel unserer Welt und unserer Herzen. Mit solchem Lob wird Gottes Herrschaft ausgerufen. Er wird die Fesseln sprengen und die Mauern einreißen.

Beim Kaffeetrinken, Zähneputzen, Schuhe anziehen …

„Ich fühle mich heute …“

Was ist Deine Harfe? Womit hilfst Du, bist da, machst den Schmerz leichter? Blumen, Leichtigkeit, Kirschkuchen? Wenn Du magst, frag Deine Familie oder Freund:innen, womit Du Ihrer Seele gut tust. Und schreib es auf. Vielleicht ist das ein geheimer Schatz?

Kannst Du „Deine Harfe“ auch für Dich selbst spielen?
Wie würde das heute aussehen?

Beim Kaffeetrinken, Zähneputzen, Schuhe anziehen …

„Ich fühle mich heute …“

Wer Harfe spielt, sieht ein bisschen aus, als würde er die Saiten streicheln … Wen oder was könntest Du heute streicheln? Eine Katze? Die Hand einer Freundin? Vielleicht auch Deine Arme, Deine Beine, z. B. mit der Handcreme-Meditation:

Etwas in Deinem Leben mag rau und hart sein. Es darf sich ohne Schuld wieder frei und leicht, warm und zart anfühlen. (Massiere dazu etwas Creme in Deine Hände ein) Du hast viel getan, hast viel gegeben und versucht. Ich sehe Deine Mühe. Ich spüre Falten, Schwielen, Narben. Heute streiche ich sanft über Dich. Du bist sicher und gehalten, Du darfst weich sein.

Du kannst auch einer Dir nahestanden Person anbieten, ihre Hände oder Füße einzucremen. Das kann eine schöne Verbindung z. B. am Abend sein.

Für welche Stellen in Dir wünschst Du
Dir zarte Berührungen?

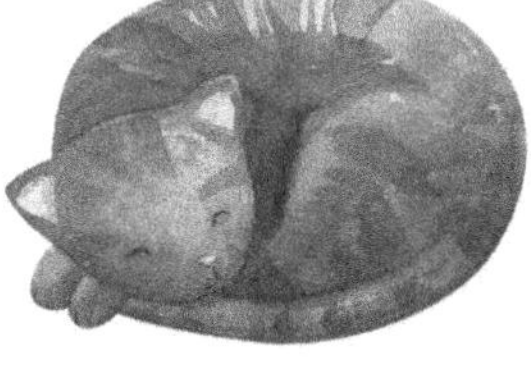

7 WOCHEN OHNE

Mit Furcht und großer Freude

7

Beim Kaffeetrinken, Zähneputzen, Schuhe anziehen …

„Ich fühle mich heute …“

Das ist der Text aus der Bibel für diese Woche:

„Und die Frauen gingen eilends weg vom Grab mit Furcht und großer Freude und liefen, um es seinen Jüngern zu verkündigen.“

Matthäus 28,8 (Lutherbibel 2017)

1. APRIL 2026

Denk an ein belastendes Erlebnis Deines Lebens, an einen großen Schmerz. Nur Du entscheidest, was dazu gehört. Male eine Kurve, wie dieser Schmerz sich entwickelt hat. Was hat ihn verstärkt, was vorübergehend erleichtert? Wohin hat er Dich geführt?

Beim Kaffeetrinken, Zähneputzen, Schuhe anziehen …

„Ich fühle mich heute …“

Was würdest Du in einen Koffer packen, der Deinen Schmerz erträglicher machen könnte?

Erinnere Dich an eine Situation, in der Du von jemandem getröstet wurdest. Was hat diese Person gut gemacht?

Beim Kaffeetrinken, Zähneputzen,
Schuhe anziehen …

„Ich fühle mich heute …“

Trauer, Schmerz und Leid müssen keinen Sinn ergeben für Dein Leben. Trotzdem verändern sie uns und wir verändern manchmal deshalb unser Leben. Welchen Weg wärst Du ohne Deine Trauer nie gegangen?

Wo hat der Schmerz Dich härter, vorsichtiger gemacht?

Beim Kaffeetrinken, Zähneputzen, Schuhe anziehen …

„Ich fühle mich heute …“

Kennst Du das? Es könnte gut werden, aber darauf zu vertrauen ist so schwer. Du hast Angst vor dem Glück, weil es verletzlich ist. Weil es nicht in Deiner Hand liegt.

Schreib auf, wann es gut geworden ist. Denk an Deine sonnigen, leichten Lebenswege: Welches Glück haben sie Dir geschenkt?

Was würdest Du morgen machen,
wenn Du keine Angst hättest?

Halt Deine Hoffnung fest und nimm sie mit in Deine Träume. Es ist eine besondere Nacht – die der Auferstehung. Jemand rollt den Stein vom Grab.

**Beim Kaffeetrinken, Zähneputzen,
Schuhe anziehen …**

„Ich fühle mich heute …“

Biblische Miniatur zu Matthäus 28,8
von Ralf Meister

„Hallo!“, ruft am Ostermorgen ein Junge herüber, der mit seinem Hund Gassi geht. Ein gehecheltes „Moin“, lässt der Jogger im Vorbeilaufen fallen. Die Dame mit dem Gehstock nimmt sich Zeit für ihr bedächtiges „Guten Tag“ und nutzt den Gruß zu einer kurzen Verschnaufpause. Allen antworte ich in derselben Weise: „Hallo, Moin, Guten Tag.“ Es passt, denke ich. Es passt, wie alle unterwegs sind, still und lebendig zugleich – ohne Eile, ohne Härte.

Doch plötzlich hinter mir: „Der Herr ist auferstanden!“ Ich bleibe kurz überrascht stehen. Fast automatisch gelingt mir die Antwort: „Er ist wahrhaftig auferstanden.“ Für einen Moment teilen wir die Freude, die Überraschung, die zugleich ein kleines Staunen ist. In den östlichen Kirchen ist dieser Gruß üblich. Bei uns setzt er sich langsam durch. Das gemeinsame „Halleluja“ verbindet uns.

„Also doch!“, denke ich, während ich weitergehe. Neben Gassigehen, Joggen, Spazieren ist man an diesem Morgen noch auf einer anderen Art unterwegs. Und tatsächlich: „Frohe Ostern!“, ruft es von links, von rechts. Es wird erwidert mit einem Lächeln, einem kleinen Überraschtsein. Vielleicht muss man erst darauf gebracht werden. Doch dann breitet sich das Ostergrüßen aus – vom Hundeweg bis zur Schlange beim Bäcker, von dort bis zur Kirchentür und zurück in die Familien. Wie ein Wort etwas verändern kann! An diesem Morgen ist mehr da als sonst: Freude, Erstaunen, Hoffnung – alles ohne Härte, alles sanft und einladend. Keine Frage taucht auf: „Gehst du in die Kirche?“ „Gehörst du überhaupt zu dieser Christengemeinschaft?“

Ostern ist der Morgen, der von jeher überrascht. „Wer wälzt uns den Stein von des Grabes Tür?“ Unmögliches wird möglich. An diesem Morgen verfliegt Sorge, schweigt Angst, denn für einen Augenblick wenden sich alle Dinge zum Guten.

Allen ist diese Überraschung zu wünschen: „Den ihr sucht, der ist nicht hier. Er ist auferstanden, wie er gesagt hat.“ Kein Stein ist unverrückbar. Keine Hoffnung verloren, keine Aussicht vergebens. Wenn das keinen Gruß wert ist!

**Beim Kaffeetrinken, Zähneputzen,
Schuhe anziehen …**

„Ich fühle mich heute …“

Das warme, tiefe Glück liegt oft weit außerhalb unserer Kontrolle. Es ist keine Folge von Leistung oder Arbeit, sondern es fühlt sich an wie ein Geschenk.

Welches Geschenk in Deinem Leben hat Dich vor Glück weinen lassen?

6. APRIL 2026

Such in Deinem Handy oder einem Fotoalbum ein Bild von einem geschenkten Glücksmoment.

Male hier einen Ausschnitt davon oder klebe es ein.

Beim Kaffeetrinken, Zähneputzen, Schuhe anziehen ...

„Ich fühle mich heute ...“

Sieben Wochen lang hast Du Dein Herz bewusst geöffnet. Für Gott, für Dich, für andere Menschen. Vielleicht bist Du weicher geworden, empfindsamer. Und auch, wenn Du nicht jeden Tag etwas in Dein Journal geschrieben hast, hat sich vielleicht etwas davon in Deine Seele eingeschrieben.

Was ist geblieben?

Mein erstes Fastenjournal!

Das war was Besonderes für mich:
So viele Menschen gehen mit mir zusammen ihren Gefühlen nach, schreiben sich in ihr Leben hinein!

Bis vor ein paar Jahren fielen mir vor allem „Freudengefühle“ leicht, ich hab gern über Aufbrüche und Neuanfänge geschrieben, vielleicht, weil ich das am meisten gebraucht habe. Inzwischen trau ich mich auch an meine eigenen Zweifel und Sorgen näher ran, wische sie nicht gleich weg, sondern lass sie bleiben, bis sie irgendwann leise „Auf Wiedersehen“ sagen. Manchmal dauert das – oft länger als sieben Wochen. Aber irgendwann enden drei Tage im Grab und Ostern kommt. Dieses Licht brauche ich, auch in meiner Arbeit als Klinikseelsorgerin im Hospiz und den psychosomatischen Kliniken am Chiemsee. Und ehrlich gesagt auch im Alltag mit meiner Patchwork-Familie: Licht, das sanft auf mich scheint und sagt: Das Dunkle fällt hinter Dich, hier, wo Du stehst, ist heiliger Boden!

Danke, dass Sie mich auf den Boden der Tatsachen und hinauf auf die Himmelsleiter begleitet haben!

Herzliche Grüße!
Ihre Sabrina Wilkenshof